Inhalt

Lebenszyklusorientierte Personalentwicklung - die Kreditwirtschaft stellt sich dem demografischen Wandel

Kernthesen

Beitrag

Fallbeispiele

Weiterführende Literatur

Impressum

Lebenszyklusorientierte Personalentwicklung - die Kreditwirtschaft stellt sich dem demografischen Wandel

Robert Reuter

Kernthesen

- Die Unternehmen der Kreditwirtschaft ergreifen erst seit wenigen Jahren aktiv Maßnahmen, um sich auf den demografischen Wandel vorzubereiten.
- Ein von Banken und Sparkassen häufiger genutztes Konzept ist die Orientierung der Personalarbeit an Lebenszyklen.

- Ziel der Maßnahmen ist es, alters- und alternsgerechte Arbeitsbedingungen zu schaffen.

Beitrag

Herausforderung demografischer Wandel

Bevölkerungswissenschaftler gehen davon aus, dass die Zahl der Einwohner in Deutschland in den nächsten 50 Jahren von 82 auf 65 Millionen Bürger schrumpfen wird. Zudem wird die Gesellschaft älter. Ein Drittel der Menschen wird dann über 65 Jahre alt sein, jeder siebte sogar über 80. Die Unternehmen stellt dieser demografische Wandel bekanntermaßen vor große Herausforderungen. Überalterte Belegschaften, Nachwuchsmangel und Know-how-Verlust sind die Zukunftsprobleme, mit denen es insbesondere das Personalwesen zu tun bekommen wird.

Gegensteuern können die Personaler mit vielfältigen Maßnahmen. Hierzu zählen die betriebliche Gesundheitsförderung, Maßnahmen zum Employer Branding (also die Attraktivitätssteigerung des Unternehmens für begabten Nachwuchs) oder die

Talentförderung in den eigenen Reihen. (1), (2)

Auch Banken sind betroffen

Auch die Banken, die bisher noch immer davon profitieren, als besonders attraktive Arbeitgeber zu gelten, bekommen den demografischen Wandel jetzt schon zu spüren. Befragungen von Bank-Managern haben ergeben, dass neben der Bewältigung der Finanz- und Staatsschuldenkrise die Beherrschung des demografischen Wandels an die zweite Stelle der wichtigsten Zukunftsaufgaben vorgerückt ist. Auskunft über die Befindlichkeit der Manager in den Banktürmen gibt die Hays-Studie "Banken und die demografische Entwicklung".

Der Studie zufolge konstatieren auch die sonst als Premiumarbeitgeber gehandelten Banken schon heute rückläufige Bewerberzahlen. Der Nachwuchsmangel wird darum von 87 Prozent der befragten Kreditinstitute als vorherrschendes Problem genannt. Auf den Plätzen zwei und drei der drängendsten Fragen folgen die Überalterung der Belegschaft (61 Prozent) sowie eine höhere Fluktuation durch Abwerbung (52 Prozent). Der Fachkräftemangel macht sich aber nicht in allen Abteilungen der Banken gleichermaßen bemerkbar. Am stärksten sind nach Aussagen der Geldinstitute die Bereiche IT, Beratung/Vertrieb und Steuerung betroffen. (1), (2)

Wissen geht verloren

Obwohl der demografische Wandel schon seit den 1990er Jahren in Politik, Wirtschaft und Gesellschaft diskutiert wird, beschäftigen sich rund 70 Prozent der Banken und Sparkassen erst seit ein bis fünf Jahren mit diesem Thema. Die Problematik des Nachwuchsmangels betrifft dabei nicht nur die Stellenbesetzung, sondern auch die Sicherung von Know-how und Wissen. Wenn die Baby-Boomer-Generation, die heute das Personal der Unternehmen bildet, einmal abtritt, könnte ein riesiger Verlust an Wissen die Folge sein, wenn es nicht gelingt, die Kenntnisse der Älteren an Jüngere weiterzugeben. (3)

Demografiemanagement mit Lebenszyklusorientierung

Eine von großen Unternehmen gern angewendete Vorgehensweise zur Sicherung ihrer Belegschaft auch unter den Vorzeichen des Nachwuchsmangels ist die Orientierung an sogenannten Lebenszyklen. Hierbei wird geprüft, durch welche Maßnahmen die Mitarbeiter in der jeweiligen Lebensphase am besten an das Unternehmen gebunden werden können, und wie ihr Potenzial am besten gefördert werden kann. Lebenszyklusorientierte Konzepte streben somit sowohl die Bindung von Mitarbeitern an das Unternehmen als auch die der Altersklasse gemäße Förderung an.

In der betrieblichen Praxis nehmen die Bemühungen um die Implementierung lebenszyklusorientierter PE-Konzepte (PE = Personalentwicklung) derzeit zu. Allerdings bekommen die Maßnahmenpakete bisher noch in jedem Unternehmen einen eigenen Namen. So spricht der Anlagenhersteller ABB von "generationenübergreifendem Personalmanagement", während sich Daimler für die Bezeichnung "biografieorientiertes Personalmanagement" entschieden hat. Bei der Lufthansa hat sich der Begriff "lebensereignisorientiertes Personalmanagement" durchgesetzt.

Ein zentrales Anliegen lebenszyklusorientierter Personalentwicklung ist die permanente Weiterqualifikation der Mitarbeiter, auch wenn diese nicht mehr jung sind. In vielen Unternehmen ist dies heute noch anders. Investitionen in ältere Mitarbeiter gelten als hinausgeschmissenes Geld; zu Schulungen werden nur junge Mitarbeiter geschickt, die als High Potentials gelten und von denen man sich erhofft, dass sich das in sie investierte Geld durch besondere Leistungen amortisieren wird. Eben hierdurch verlieren jedoch viele Mitarbeiter in höheren

Altersstufen die Motivation. Da sie nicht mehr gefördert werden, ersticken sie in Routinen, sehen für sich keine Entwicklungsmöglichkeiten mehr und dämmern nur noch der Rente entgegen.

Genau solche Mitarbeiter kann sich in Zukunft aber kein Unternehmen mehr leisten. Da von unten nicht mehr genügend Nachwuchs nachdrängt, sind die Unternehmen gefordert, auf die Älteren zu setzen und sie in jeder Altersstufe individuell zu fördern und einzusetzen. Eine alters- und alternsgerechte Laufbahngestaltung soll dazu beitragen, innere Kündigungen genauso zu vermeiden wie den Burn-out durch Überforderung. Denkbar sind dann auch gänzlich neue Einsatzgebiete für die älteren Mitarbeiter, wie etwa als Coaches für Jüngere oder als Berater von Fachabteilungen. Wichtig ist in jedem Fall, dass die lebenszyklusorientierten Veränderungen nicht erst angeboten werden, wenn sich der Mitarbeiter bereits vom Unternehmen abgewandt hat. Stattdessen sollen die Konzepte gut geplant und die Pläne den Mitarbeitern bekannt sein.

Schwierig macht die Aufgabe, dass sich die Lebenszyklen der heute lebenden Menschen von der Lebensführung früherer Zeiten stark unterscheiden. Seit den 1980er Jahren ist Bewegung in die Lebensgestaltung der Menschen gekommen, so dass es den Standardlebenslauf nicht mehr gibt. Die klassische Dreiteilung in Ausbildung, Beruf und

Ruhestand bröckelt und verändert sich hin zu stark individualisierten Lebensläufen. So sind die Übergänge zwischen den Phasen von Ausbildung, Erwerbstätigkeit und Renteneintritt heute weitaus durchlässiger geworden: Junge Leute arbeiten fest für Unternehmen, versuchen aber gleichzeitig, ein Studium zu absolvieren. Völlig anders gestaltet sich das Verhältnis von arbeiten und lernen auch, wenn eine Ausbildung beendet wurde. Schluss mit dem Lernen ist heute nicht mehr mit dem Eintritt in ein Unternehmen, sondern bestenfalls in der Rente. (1), (2), (3), (4), (5), (7)

Trends

Employer Branding in sozialen Medien nimmt zu

Bedeutende Veränderungen sind derzeit auch bei der Art der Rekrutierung von Mitarbeitern durch Banken zu beobachten. Employer Branding, das heißt die Selbstpräsentation als besonders attraktiver Arbeitgeber, spielt für Banken im Kampf um die besten Köpfe eine zunehmend wichtige Rolle. Um die Arbeitgebermarke strategisch zu entwickeln, nutzen die Kreditinstitute immer mehr soziale Medien wie

Facebook, Twitter oder Xing. (8)

Fallbeispiele

Sparkassen entwickeln prämiertes Konzept

Sparkassen-Finanzgruppe ist der Oberbegriff für die größte Bankengruppe in Deutschland. Zu ihr gehören nicht nur die Sparkassen, sondern auch die Landesbanken, öffentliche Versicherer, Leasingunternehmen und Beratungsgesellschaften. Insgesamt arbeiten 370 000 Menschen für die Gruppe, die sich darum in früheren Jahren in der Werbung als die "größte Bank der Welt" inszenierte. Ein Unternehmen der Sparkassen-Finanzgruppe ist auch die DekaBank, die innerhalb des Finanzverbundes die Rolle des zentralen Investmentdienstleisters einnimmt. Das Frankfurter Unternehmen hat schon vor Jahren lebenszyklusorientierte Personalkonzepte entwickelt und erhielt hierfür wichtige Preise.

Das Konzept der DekaBank gründet sich auf einer Einteilung in die Lebensabschnitte:

- Berufswahl - Ausbildung(en) - Karriereschritte - Familienphasen mit Kinder- und

Angehörigenbetreuung - Austritt aus dem Unternehmen

Um die Mitarbeiter in diesen Phasen sowohl binden wie fördern zu können, eröffnen sich in der Planung der Bank sieben Handlungsfelder:

- Rekrutierung und Bindungsmanagement - Arbeitsbedingungen - Wissenstransfer - Qualifizierung von Mitarbeitern und Führungskräften sowie Sensibilisierung der Führungskräfte - Gesundheitsförderung - Work-Life-Balance - Attraktive Modelle zum Übergang in die Rente

Das Konzept der DekaBank fand in der gesamten Finanzgruppe Anklang und wurde darum vom Dachverband der Sparkassen in das Personalentwicklungsprojekt "Personal 2020" aufgenommen. (1), (2), (3)

Volksbank betreibt Employer Branding

Die Volksbank Oelde-Ennigerloh-Neubeckum beschäftigt neben der demografischen Entwicklung insbesondere das Phänomen, dass Paare heute weit später mit ihrer Familienplanung beginnen als früher. Für die Unternehmen bedeutet das, dass voll integrierte Mitarbeiter, auch oft Leistungsträger, in der Blüte ihrer Schaffenskraft kleine Kinder versorgen müssen oder sogar in die Elternzeit verschwinden. Da sich an der individuellen Lebensplanung der Mitarbeiter nichts ändern lässt, richtet die Volksbank den Fokus auf das Employer Branding. Als besonders attraktiver Arbeitgeber in der Region will das Kreditinstitut mit diesem Pfund wuchern. Ein individuelles Assessment-Center und ein umfassendes Ausbildungsprogramm haben bereits dafür gesorgt, dass Qualität und Quantität der Bewerberinnen und Bewerber in den vergangenen drei Jahren gegen den Trend deutlich gestiegen sind. (6)

Weiterführende Literatur

(1) Erfolgsmodell: Lebenszyklusorientierte Personalentwicklung Das Potenzial älterer Mitarbeiter besser nutzen
aus Betriebswirtschaftliche Blätter, September 2012, Nr. 09, S. 507

(2) Viele Auswege
aus BankInformation, Heft 08/2012, S. 16 - 20

(3) Folgen des demografischen Wandels für die Kreditwirtschaft Wissen der Stelleninhaber verwertbar konservieren
aus Betriebswirtschaftliche Blätter, April 2012, Nr. 04,

S. 206

(4) Demografischer Wandel zwingt zu systematischer Personalentwicklung Strategische in individuelle Anforderungen übersetzen
aus Betriebswirtschaftliche Blätter, Februar 2012, Nr. 02, S. 70

(5) Demografischer Wandel und Personalentwicklung in der Kreditwirtschaft
aus Zeitschrift für das gesamte Kreditwesen 20 vom 15.10.2012 Seite 1045

(6) Initiative ergreifen
aus BankInformation, Heft 08/2012, S. 26 - 27

(7) „Demografiefest" werden
aus BankInformation, Heft 11/2011, S. 67 - 68

(8) Recruiting 2.0 - soziale Medien als (zukünftige) Rekrutierungs- und Weiterbildungsplattform in Banken
aus Zeitschrift für das gesamte Kreditwesen 20 vom 15.10.2012 Seite 1051

Impressum

Lebenszyklusorientierte Personalentwicklung - die Kreditwirtschaft stellt sich dem demografischen Wandel

Bibliografische Information der deutschen Nationalbibliothek

Die Deutsche Nationalbibliothek verzeichnet diese Publikation in der deutschen Nationalbibliografie; detaillierte bibliografische Daten sind im Internet über http://dnb.d-nb.de abrufbar.

ISBN: 978-3-7379-0981-5

© 2015 GBI-Genios Deutsche Wirtschaftsdatenbank GmbH, Freischützstraße 96, 81927 München, www.genios.de

Alle Rechte vorbehalten. Dieses Werk ist einschließlich aller seiner Teile – z.B. Texte, Tabellen und Grafiken - urheberrechtlich geschützt. Jede Verwertung außerhalb der Grenzen des Urheberrechtsgesetzes bedarf der vorherigen Zustimmung des Verlags. Dies gilt insbesondere auch für auszugsweise Nachdrucke, fotomechanische Vervielfältigungen (Fotokopie/Mikroskopie), Übersetzungen, Auswertungen durch Datenbanken oder ähnliche Einrichtungen und die Einspeicherung und Verarbeitung in elektronischen Systemen.